Atelier Flora

ANDREA PETER • JUDITH DREWS • KRISTINA BRASSELER

Dudenverlag
Berlin

Liebe Familie!

Egal ob groß oder klein, laut oder leise, »klassisch« oder Patchwork, dieses Buch ist für euch! Für euch alle!

Hier ist Platz für jedes Familienmitglied – mit seinen ganz speziellen Eigenarten, Wünschen, Träumen, Abneigungen, Talenten, Erinnerungen und Vorstellungen vom Leben.

In diesem Buch könnt ihr alle zusammen malen, schreiben, kritzeln, Listen ausfüllen, Wünsche formulieren, offen sagen, was euch ärgert – und was ihr an den anderen liebt.

Lasst eurer Kreativität freien Lauf, lernt euch noch besser kennen und erfahrt, was euch als Familie ausmacht.

Heraus kommt ein kunterbuntes Buch – so kunterbunt wie eure großartige Familie.

Viel Spaß!

Andrea, Judith & Kristina

Im Buch findet ihr 20 Steckbriefe. Braucht ihr mehr? Kopiert euch die Seiten und klebt sie dazu!

NAMEN

Welche Vornamen gibt es in eurer Familie?

Welche Nachnamen gibt es in eurer Familie?

Wie heißt wohl das nächste Baby in der Familie?

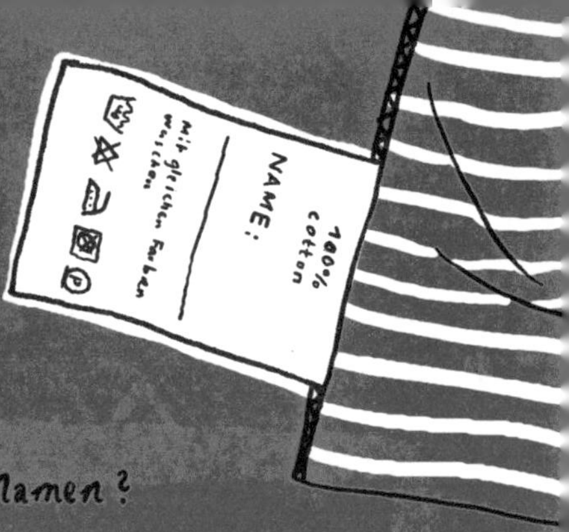

Wer hat den kürzesten Namen?

Wer hat den längsten Namen?

Welche Spitz- und Kosenamen gibt es in eurer Familie?

TIERISCHE Mitbewohner

✖ NAME:
BESITZER/-in:

✖ NAME:
BESITZER/-in:

✖ NAME:
BESITZER/-in:

✖ NAME:
BESITZER/-in:

✖ NAME:
BESITZER/-in:

✖ NAME:
BESITZER/-in:

✖ NAME:
BESITZER/-in:

✖ NAME:
BESITZER/-in:

Gibt es eine unvergessliche Geschichte zu einem der Tiere?

Welche Tiere leben bei euch und wie heißen sie?

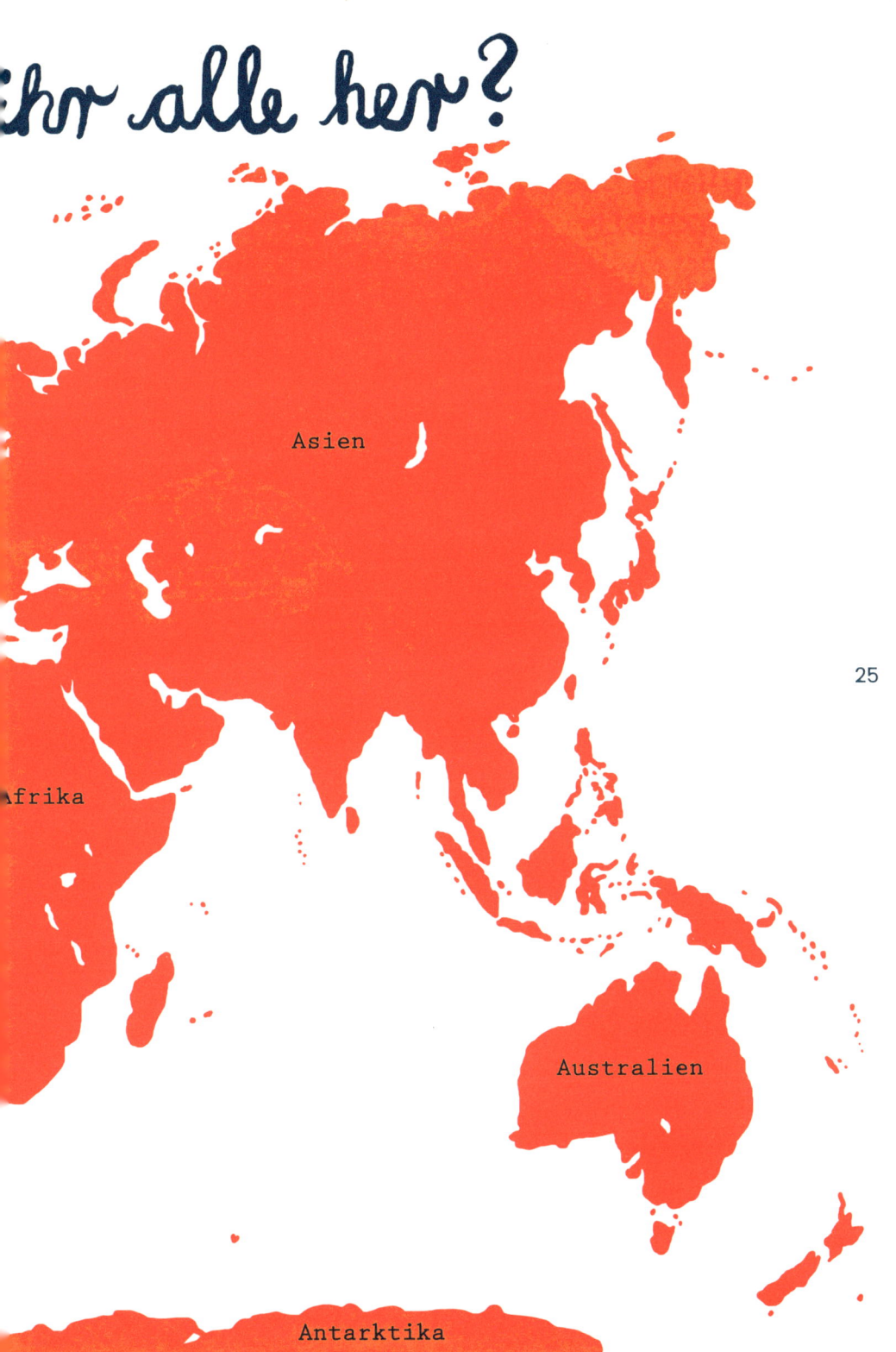

SO BIN ICH

MEIN BESTER SPRUCH

Foto oder SELBSTPORTRÄT

NAME:

DAS BIN ICH:
- o Tochter
- o Sohn
- o Bruder
- o Schwester
- o Mama
- o Papa
- o Oma
- o Opa
- o Tante
- o Onkel
- o Cousin
- o Cousine
- o Neffe
- o Nichte
- o Haustier
- o ....

Mein Geburtstag:

Hier bin ich geboren:

Da wohne ich jetzt:

Dort würde ich gerne mal leben:

Familie ist ein Zuhause.

Hier ist Platz für eine Collage
eurer lustigsten, schönsten oder
verrücktesten Familienfotos.

SO BIN ICH

MEIN BESTER SPRUCH

Foto oder SELBSTPORTRÄT

NAME:

DAS BIN ICH:
- o Tochter
- o Sohn
- o Bruder
- o Schwester
- o Mama
- o Papa
- o Oma
- o Opa
- o Tante
- o Onkel
- o Cousin
- o Cousine
- o Neffe
- o Nichte
- o Haustier
- o ....

Mein Geburtstag:

Hier bin ich geboren:

Da wohne ich jetzt:

Dort würde ich gerne mal leben:

Wer
fehlt
euch?

Wann hattet ihr Heimweh?

NAME: _____
DATUM: _____
WO WARST DU? _____
_____
_____

NAME: _____
DATUM: _____
WO WARST DU? _____
_____

NAME: _____
DATUM: _____
WO WARST DU? _____
_____
_____

NAME: _____
DATUM: _____
WO WARST DU? _____
_____

NAME: _____
DATUM: _____
WO WARST DU? _____
_____

EURE Handschriften

... sind unverkennbar und etwas sehr Persönliches. Klebt von allen Familienmitgliedern (auch früherer Zeiten) ein Stückchen Handgeschriebenes hier ein. Eine alte Notiz, ein Einkaufszettel, eine Postkarte ...

Welche Sprachen und Dialekte werden in eurer Familie gesprochen?

Schreibt etwas in der jeweiligen Sprache oder im jeweiligen Dialekt in die Sprechblasen.

Familie heißt auch...

AFRIKAANS	gesin
ALBANISCH	familje
ARABISCH	عائلة
BOSNISCH	porodica
BULGARISCH	семейство
CHINESISCH	家庭
DÄNISCH	familie
ENGLISCH	family
ESTNISCH	pere
FILIPINO	pamilya
FINNISCH	perhe
FRANZÖSISCH	famille
GRIECHISCH	οικογένεια
HINDI	परिवार
IRISCH	teaghlaigh
ISLÄNDISCH	fjölskyldan
ITALIENISCH	famiglia
JAPANISCH	家族
KATALANISCH	família
KROATISCH	obitelj
LETTISCH	ģimene
LITAUISCH	šeimos
NIEDERLÄNDISCH	familie
NORWEGISCH	familie
POLNISCH	rodzina
PORTUGIESISCH	família
RUMÄNISCH	familie
RUSSISCH	семья
SCHWEDISCH	familj
SERBISCH	породица
SLOWAKISCH	rodina
SLOWENISCH	družina
SPANISCH	familia
TSCHECHISCH	rodina
TÜRKISCH	aile
UNGARISCH	család
WEISSRUSSISCH	сям'я

Berufe

Welche Berufe gibt und gab es in eurer Familie?

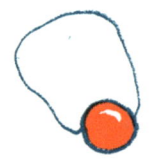

Was möchten die Kinder in der Familie später werden?

Ein ganz normaler und perfekter Sonntag

Guten Morgen! Wer weckt wen und wie?
....
....
....
....
....

Was und wo frühstückt ihr gerne?
....
....
....
....

Was macht ihr nach dem Frühstück?
....
....
....
....

Was gibt es oft zum Mittagessen?

....
....
....
....

Welche Rituale gibt es bei euch? Füllt gemeinsam die Felder aus.

Verbringt ihr den Nachmittag gemeinsam? Wie? ....
....
....
....
....

Wie und was esst ihr zu Abend?

....
....
....
....

Wer bringt wen ins Bett und wie?

....
....
....
....
....

Familie ist manchmal sehr anstrengend.

Wer sammelt in eurer Familie etwas?
Schreibt oder malt die Dinge
in diesen Setzkasten.

SPORT: _____
NAME: _____

SPORT: _____
NAME: _____

SPORT: _____
NAME: _____

SPORT: _____
NAME: _____

SPORT
Wer übt welche Sportart aus?

SPORT: _____
NAME: _____

SPORT: _____
NAME: _____

SPORT: _____
NAME: _____

SPORT: _____
NAME: _____

Wer spielt welches Musikinstrument?

Instrument: ....
Name: ....

Instrument: ....
Name: ....

Instrument: ....
Name: ....

Instrument: ....
Name: ....

Instrument: ....
Name: ....

Instrument: ....
Name: ....

Instrument: ....
Name: ....

Hier sind drei Plätze zu vergeben: für die verrücktesten Hühner eurer Familie! Wer sind die drei und womit haben sie sich den Preis verdient?

3

Der 3. Platz geht an: ....
Begründung: ....
....
....
....
....

2

Der 2. Platz geht an: ....
Begründung: ....
....
....
....
....

1

Der 1. Platz geht an: ....
Begründung: ....
....
....
....
....

VERRÜCKTES HUHN

77

Welches Rezept sollten alle in eurer Familie kennen?

NAME: ....

Wie groß seid ihr?

Markiert eure Größe auf der Messlatte und verbindet euren Namen damit.

- 2 m
- 1,90 m
- 1,80 m
- 1,70 m
- 1,60 m
- 1,50 m
- 1,40 m
- 1,30 m
- 1,20 m
- 1,10 m
- 1 m
- 90 cm
- 80 cm
- 70 cm
- 60 cm
- 50 cm
- 40 cm

NAME:
Datum:

NAME:
Datum:

NAME:
Datum:

NAME:
Datum:

NAME:
Datum:

NAME:
Datum:

NAME:
Datum:

NAME:
Datum:

NAME:
Datum:

NAME:
Datum:

Zeigt her eure Füße!

NAME:
SCHUHGRÖSSE:

NAME:
SCHUHGRÖSSE:

NAME:
SCHUHGRÖSSE:

NAME:
SCHUHGRÖSSE:

NAME:
SCHUHGRÖSSE:

NAME:
SCHUHGRÖSSE:

NAME:
SCHUHGRÖSSE:

NAME:
SCHUHGRÖSSE:

NAME:
SCHUHGRÖSSE:

NAME:
SCHUHGRÖSSE:

NAME:
SCHUHGRÖSSE:

NAME:
SCHUHGRÖSSE:

NAME:
SCHUHGRÖSSE:

NAME:
SCHUHGRÖSSE:

LIEBLINGS

Male ein Feld in deiner Lieblingsfarbe aus und schreibe deinen Namen dazu.

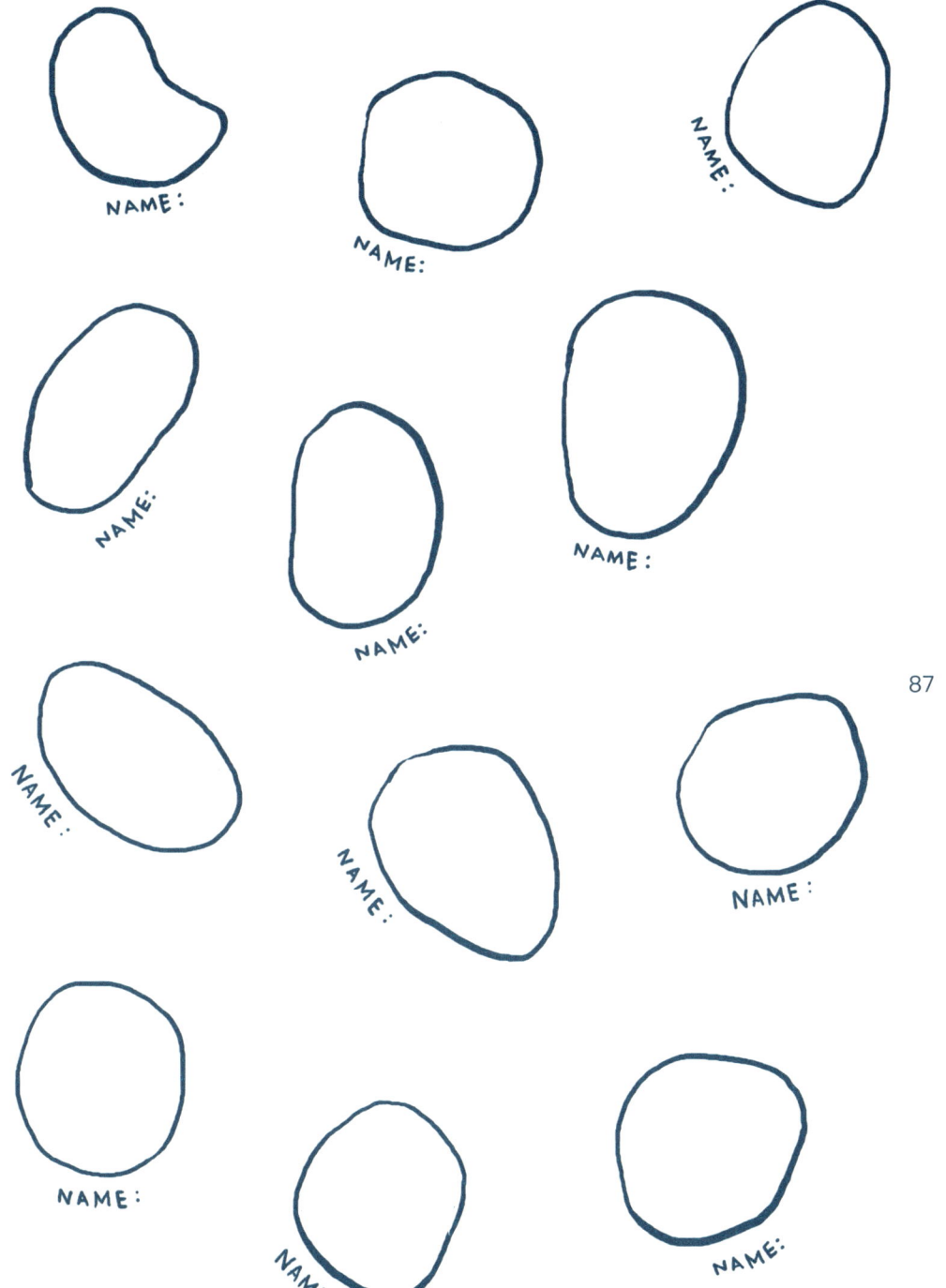

Familie ist, wenn alle etwas anderes wollen und doch irgendwie am selben Strang ziehen.

Was ist oder war eue

NAME ....
SPIELZEUG ....

NAME ....
SPIELZEUG ....

NAME ....
SPIELZEUG ....

NAME .... **NAME** ...
SPIELZEUG .... **SPIELZEUG**

NAME ....
SPIELZEUG ....

...ieblingsspielzeug?

NAME ....
SPIELZEUG ....

NAME ....
SPIELZEUG ....

NAME ....
SPIELZEUG ....

NAME ....
SPIELZEUG ....

....
....
.....
....

Ist jemand von euch nach einer Blume benannt? Oder nach einer Farbe? Schreibt die Namen in die Kästchen!

NAME : ....

Name: ....
Augenfarbe: ....

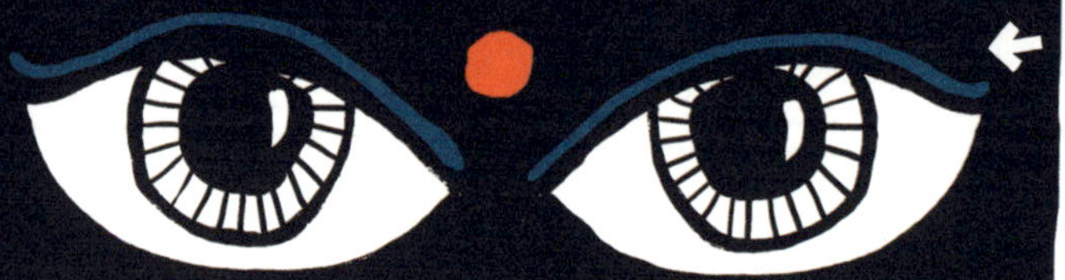

Name: ....
Augenfarbe: ....

Name: ....
Augenfarbe: ....

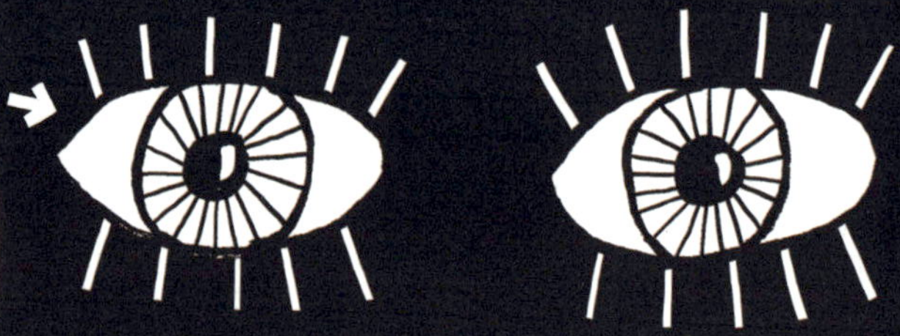

Name: ....
Augenfarbe: ....

Name: ....
Augenfarbe: ....

Name: ....
Augenfarbe: ....

Name: ....

Augenfarbe: ....

Was sind eure Augenfarben?

Name: ....

Augenfarbe: ....

Such dir ein Augenpaar aus und male die Regenbogenhaut in der Farbe deiner Augen aus.

Name: ....
Augenfarbe: ....

Name: ....
Augenfarbe: ....

Name: ....
Augenfarbe: ....

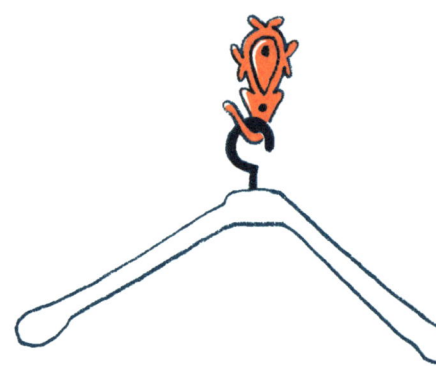
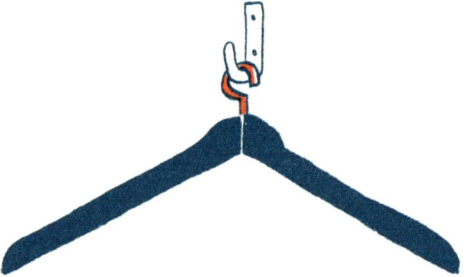

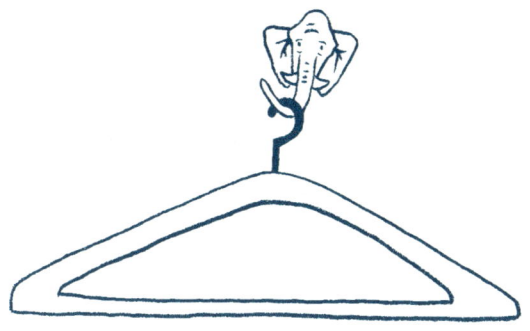
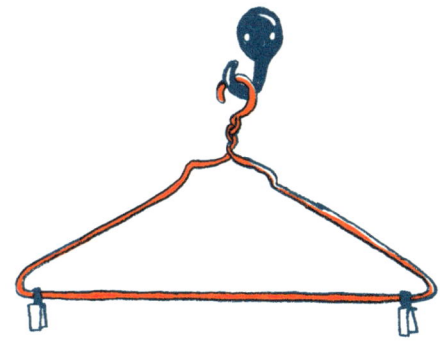

Welches sind eure Lieblingskleidungsstücke?

Zeichnet sie an die Kleiderbügel.

Welche Bärte gibt es bei euch?

LIEBLINGS-WÖRTER

Habt ihr Lieblingswörter?
Tragt sie hier ein.

Wunsch:

für:

Wunsch:

für:

Wunsch:

für:

Wunsch:

für:

Wunsch:

für:

Wunsch:

für:

Wunsch:

für:

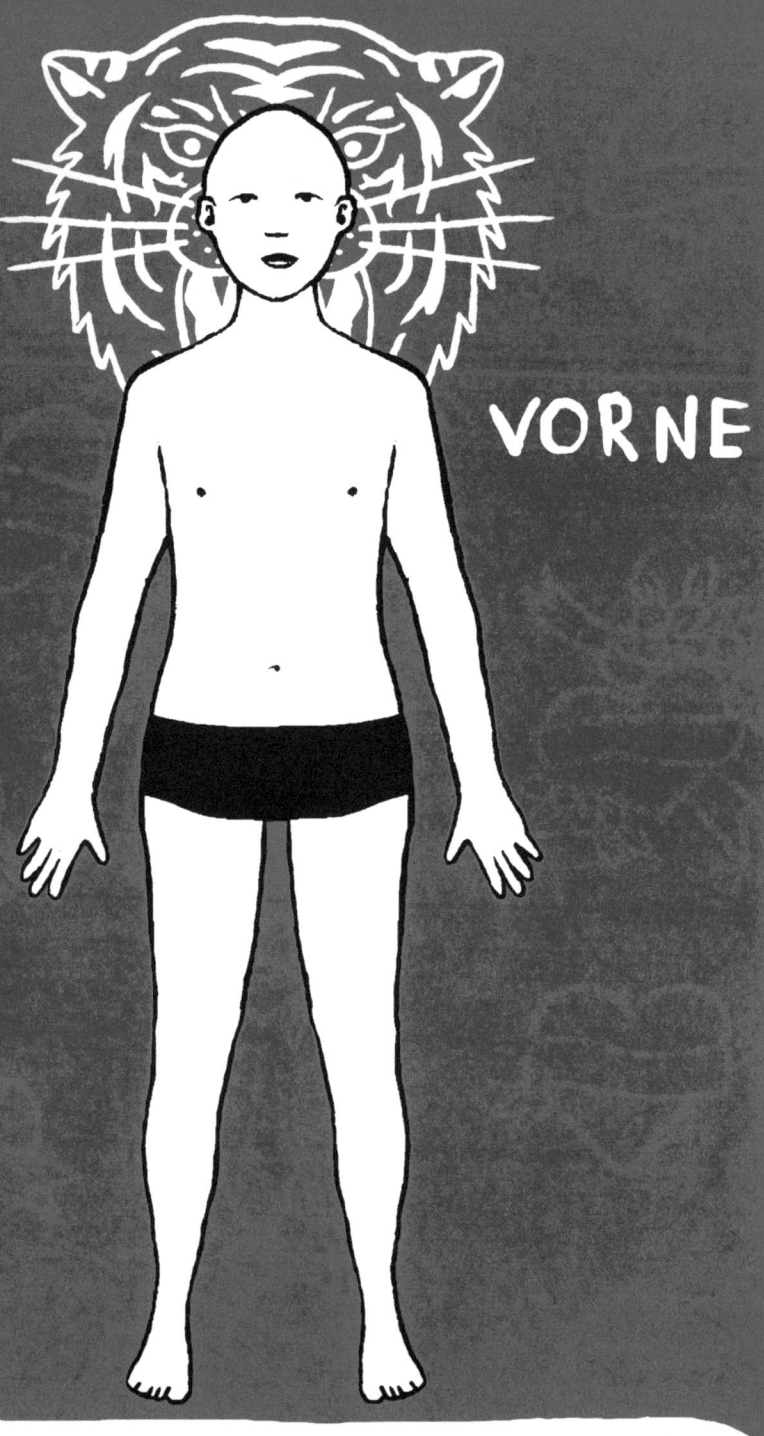

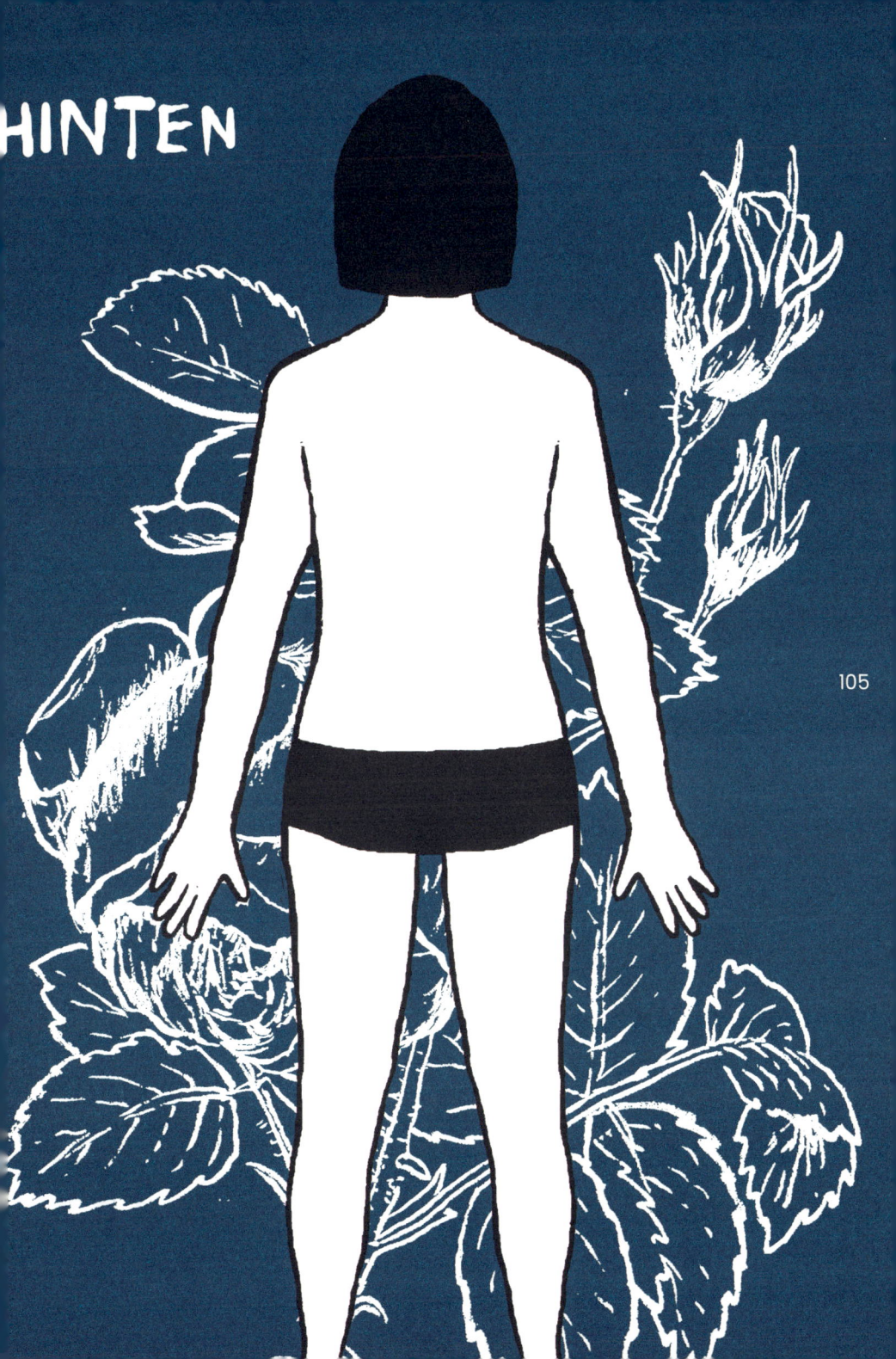

Worüber freut ihr euch und was bringt euch zum Lachen?

Es gibt Dinge, Gerüche oder Situationen, die machen uns Angst oder wir ekeln uns ganz fürchterlich, wie zum Beispiel Popel, Dunkelheit, Zahnärzte, Höhe oder Nacktschnecken. Überlegt zusammen und notiert, was es bei euch ist:

Familie ist Chaos, das Spaß macht.

Wer macht was um acht?

WER: _____
WAS:

WER: _____
WAS:

WER: _____
WAS:

WER: _____   WAS:

Schreibt oder malt, was ihr morgens um acht Uhr macht!

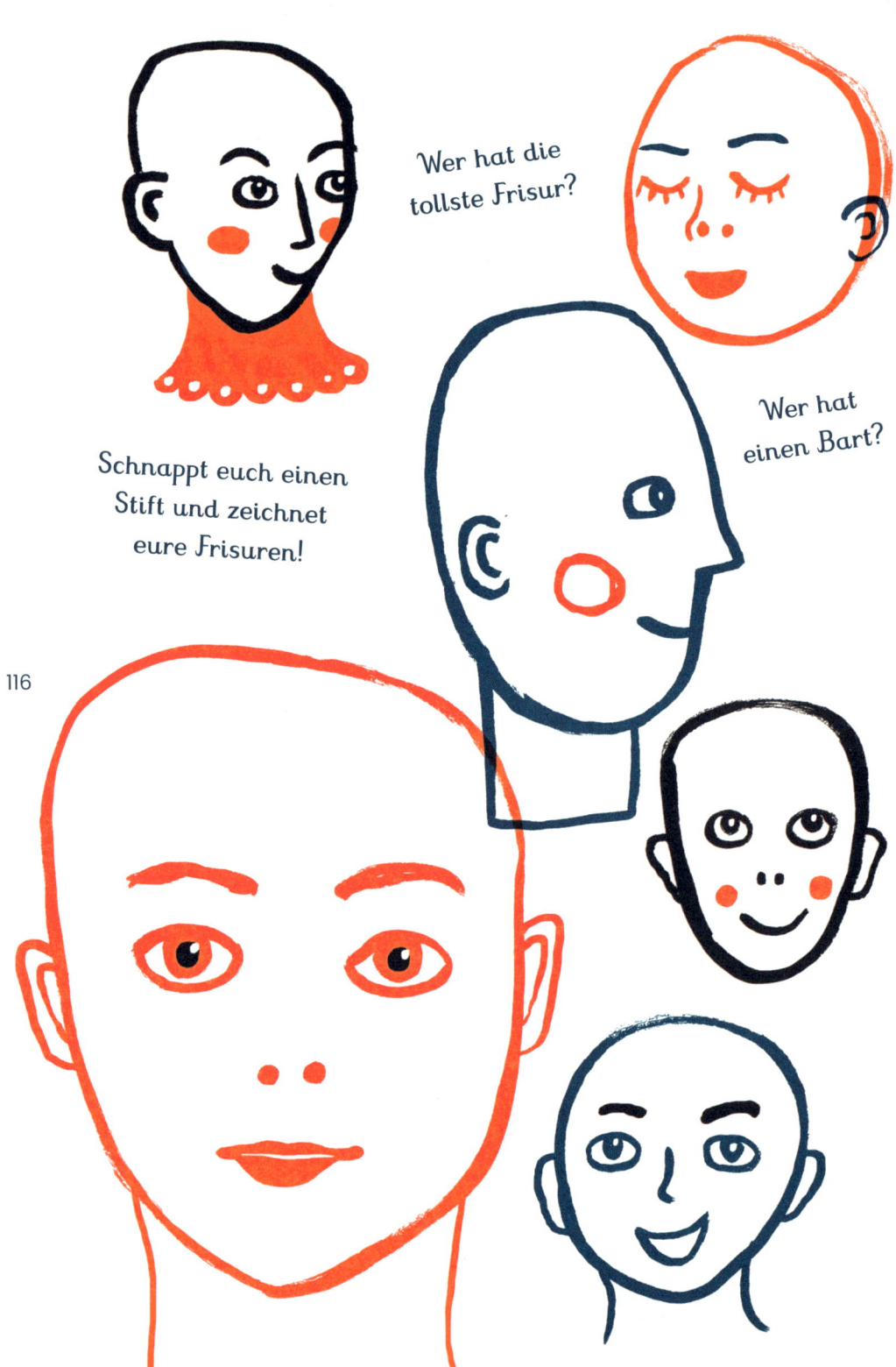

Frisurenstudio

Trägt jemand gerne Mützen oder Hüte?

Wo seid ihr zur Schule gegangen?
Wo geht ihr zur Schule?

Was mochtet/mögt ihr an der Schule?

Was mochtet/mögt ihr überhaupt nicht?

Was waren/sind eure Lieblingsfächer?

... haben ein ähnliches Lachen.

... mögen Sport.

... lesen gerne.

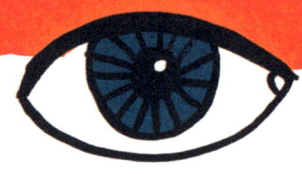
... haben die gleiche Augenfarbe.

... sind gerne draußen.

... können über die gleichen Witze lachen.

... haben eine ähnliche Stimme.

... haben einen ähnlichen Mund.

Gibt es Ähnlichkeiten in eurer Familie? Oder seid ihr ganz unterschiedlich? Überlegt, wer was mit wem gemeinsam hat!

... lieben Zeichnen.

... können die Zunge rollen.

... können die Zunge nicht rollen.

GEHEIM!

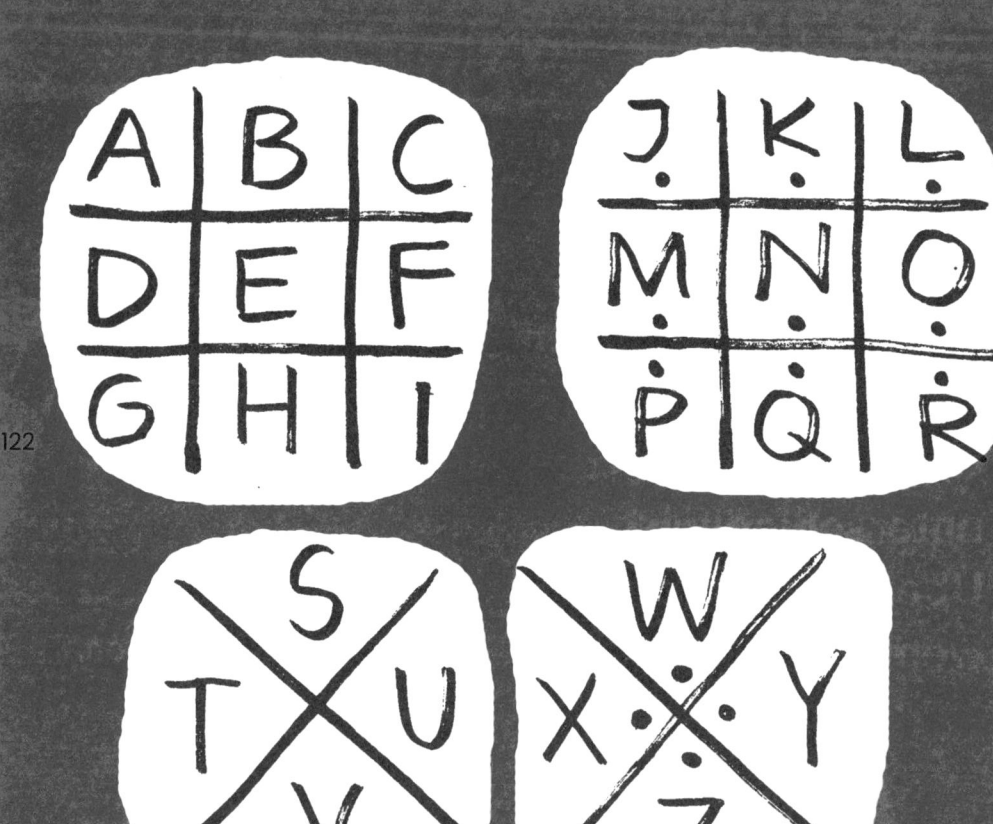

Kennt ihr diese Geheimschrift? Ein Tipp: Das hier heißt

FAMILIE

Diese Geheimschrift eignet sich perfekt für Botschaften,
die nur eure Familie etwas angehen.
Zum Üben schreibt doch alle einmal eure Namen!

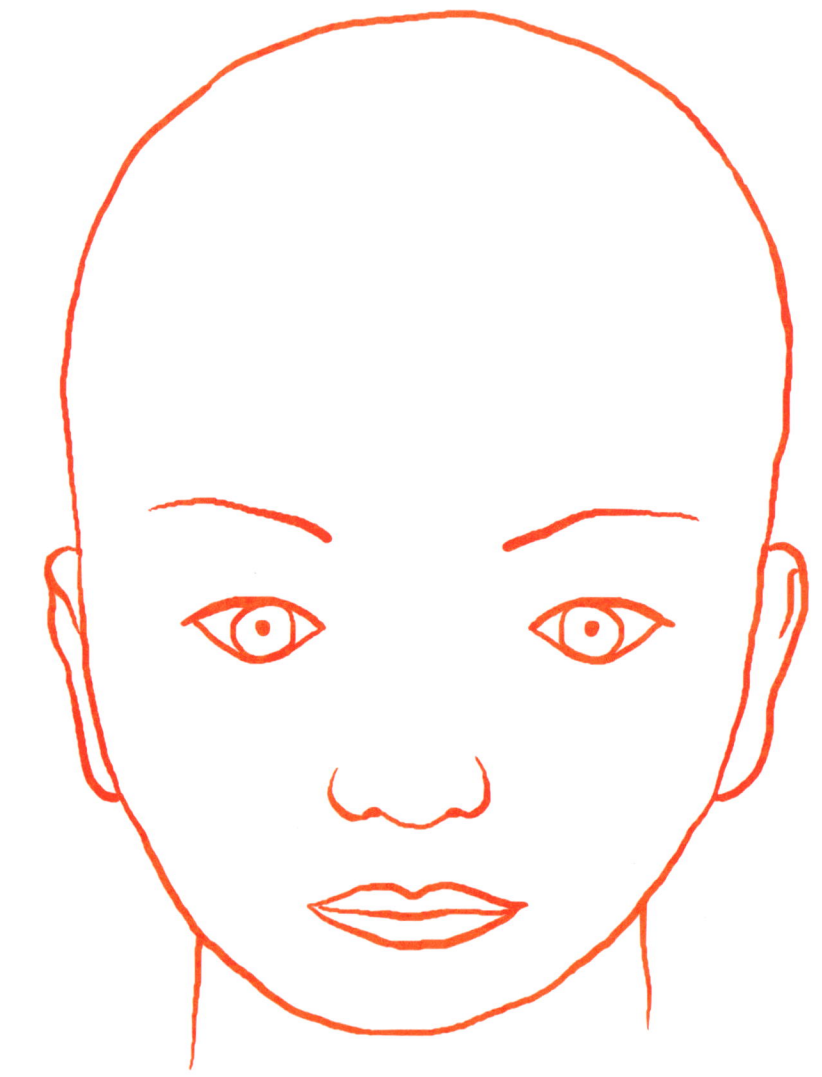

Wie würdest du dich gerne mal schminken und frisieren?
Als Zombie, Tiger oder Fee?

FREUNDE

Wer ist euer bester Freund oder eure beste Freundin? Tragt es hier ein:

DU:
FREUND/-IN:

DU:
FREUND/-IN:

DU:
FREUND/-IN:

DU:
FREUND/-IN:

DU:
FREUND/-IN:

DU:
FREUND/-IN:

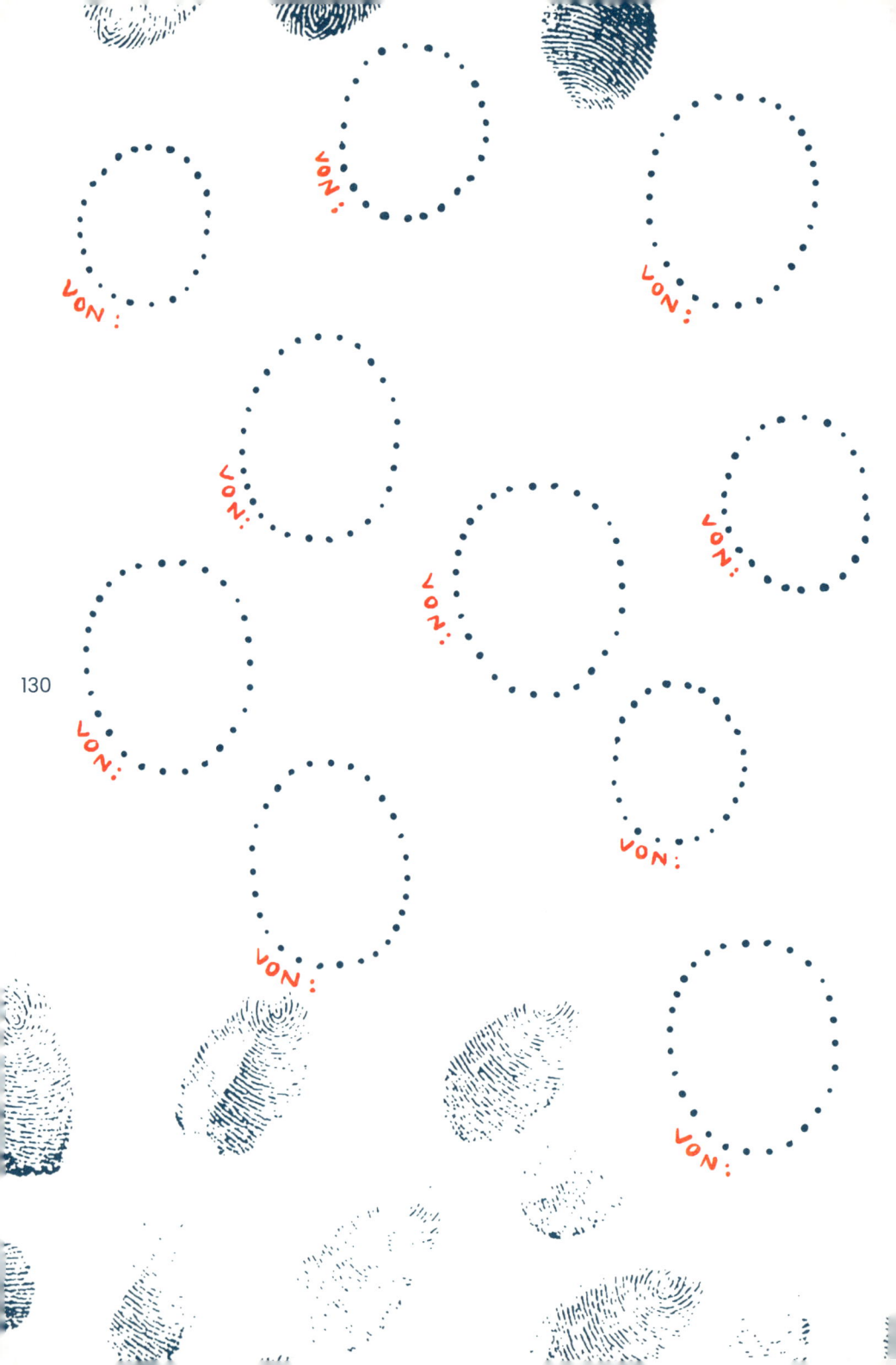

Stempelkissen auf und los! Sammelt von allen Familienmitgliedern Fingerabdrücke und schreibt die Namen dazu:

von:

von:

von:

von:

von:

von:

von:

von:

von:

von:

von:

von:

Welche Bücher dürfen in eurem Bücherregal nicht fehlen?

Gibt es noch Liebesbriefe eurer Eltern, als sie sich kennenlernten? Vielleicht sogar eurer Großeltern? Hier habt ihr Platz, einen davon (Kopie) einzukleben.

VERGANGENHEIT

Stellt euch vor, ihr könntet mit dieser Zeitmaschine in die Vergangenheit oder in die Zukunft reisen!

Wen aus eurer Familie, der/die nicht mehr lebt, würdet ihr gerne treffen?

....
....

Wer von euch ist am ältesten?

....

Wen würdet ihr gerne aus der Vergangenheit ins »Jetzt« mitnehmen?

....
....
....

An die Erwachsenen: Was würdet ihr tun, wenn ihr in eure Kindheit reisen könntet?

....
....
....
....

Film

Welches sind eure Lieblingsfilme?

TITEL:
Lieblingsfilm von: _____

TITEL:
Lieblingsfilm von: _____

TITEL:
Lieblingsfilm von: _____

TITEL:
Lieblingsfilm von: _____

ab!

TITEL:
Lieblingsfilm von:

TITEL:
Lieblingsfilm von:

TITEL:
Lieblingsfilm von:

Was schaut ihr euch gerne gemeinsam an?

TITEL:

Beginne eine Geschichte und gib sie jemandem aus der Familie, die/der weiterschreibt.

Wohin führte euer schönster, lustigster, spannendster Ausflug?

Schreibt oder zeichnet in die Wolken.

Was ist auf euren Ausflügen immer im Gepäck?

Wohin wollt ihr euren nächsten Ausflug machen?

Welcher Ausflug ist gründlich schiefgelaufen?

Familie ist Lachen und Streiten innerhalb von 5 Minuten.

Welche Sache würdet ihr nie wieder hergeben wollen?
Schreibt oder zeichnet sie auf die gegenüberliegende Seite.

NAME: _____

NAME: _____

NAME: _____

NAME: _____

NAME: _____

NAME: _____

NAME: _____

NAME: _____

147

Ganz genau eure Musik

Schreib deine/-n Lieblingssänger/-in, deine Lieblingsband, dein Lieblingslied oder deinen Lieblingskomponisten auf.

Name: ....
Musik: ....
....
....

Name: ....
Musik: ....
....
....

Name: ....
Musik: ....
....
....

Name: ....
Musik: ....
....
....

Name: ....
Musik: ....
....
....

Name: ....
Musik: ....
....
....

Name: ....
Musik: ....
....
....

An: ....
Du bist toll, weil...

An: ....
Ich mag dich, weil...

An: ....
DU BIST COOL, WEIL...

An: ....
Du bist toll, weil...

An: ....
Du bist super, weil...

An: ....
Ich mag dich, weil...

An: ....
DU BIST COOL, WEIL...

WAS ICH DIR NOCH SAGEN WOLLTE

Schreibt euch gegenseitig auf kleine Zettel, was ihr am anderen mögt und toll findet!

☐ natur ☐ gefärbt NAME:

☐ natur ☐ gefärbt NAME:

☐ natur ☐ gefärbt NAME:

☐ natur ☐ gefärbt NAME:

Das ist eine Haarsträhne von:

Klebe hier eine Haarsträhne von dir ein.

☐ natur ☐ gefärbt NAME:

☐ natur ☐ gefärbt NAME:

☐ natur ☐ gefärbt NAME:

NAME: ……………………

Hat eure Familie ein Familienwappen? Nein? Dann könnt ihr hier eins erfinden, das zu eurer Familie passt.

Fang an, ein Bild zu malen, und gib

nem Familienmitglied zum Weitermalen.

Wohin geht euer Traumurlaub?

Berge, Strand, Meer ...
Schreibt eure Traumziele für die nächste Reise auf!

Traumziel: ....
von:

Traumziel: ....
von:

Traumziel: ....
von:

Traumziel: ....
von:

Traumziel: ....
von:

Traumziel: ....
von:

Traumziel: ....
von:

Traumziel: ....
von:

Babysprache

Welche Wörter habt ihr als Kleinkind »erfunden« oder lustig ausgesprochen?

Wort:
....
Übersetzung:
....
Name:

Wort:
....
Übersetzung:
....
Name:

Wort:
....
Übersetzung:
....
Name:

Wort:
....
Übersetzung:
....
Name:

Wort:
....
Übersetzung:
....
Name:

Wort:
....
Übersetzung:
....
Name:

Wort:
....
Übersetzung:
....
Name:

Wort:
....
Übersetzung:
....
Name:

Wort:
....
Übersetzung:
....
Name:

Eure Namen könnt ihr unter die Sprechblasen schreiben.

Glaube

Der Glaube ist etwas ganz Persönliches. Woran glaubst du? Bist du Christin, Muslim, Jüdin, Hindu, Buddhistin oder …? Meinst du, es gibt gar keinen Gott, oder bist du dir unsicher? Oder glaubst du einfach an eine unbestimmte, höhere Macht? Schreibe deinen Glauben auf die roten Zeilen.

Name:
Glaube:

Name:
Glaube:

Name:
Glaube:

Name:
Glaube:

Name:
Glaube:

Name: _____
Glaube: _____
_____

Name: _____
Glaube: _____
_____

Name: _____
Glaube: _____
_____

Welche religiösen Feste feiert ihr zusammen?

ihr schon?

Asien

Afrika

Australien

✗ Malt ein Kreuz an den Ort, an dem ihr schon gewesen seid, und schreibt eure Namen daneben!

Antarktika

NACHTEULEN

FRÜHE VÖGEL

Wer kommt morgens nur schwer aus dem Bett und ist lieber nachts lange wach? Oder umgekehrt? Macht eine Liste.

Wer ist Linkshänder?

Wer ist Rechtshänder

Wer macht was um drei?

WER: ___
WAS:

WER: ___
WAS:

WER: ___
WAS:

WER: ___ **WAS:**

Schreibt oder malt, was ihr nachmittags um drei Uhr macht!

DEN SCHÖNSTEN *Kussmund?*

JANUAR

FEBRUAR

MAI

JUNI

SEPTEMBER

OKTOBER

Geburtstage
NIE MEHR VERGESSEN

MÄRZ

APRIL

JULI

AUGUST

NOVEMBER

DEZEMBER

wAS ist FAMiLiE FÜR EUCH?

Das Atelier Flora besteht aus Andrea Peter, Judith Drews und Kristina Brasseler, drei Ilustratorinnen, die in Bern, Berlin und Regensburg an Buchprojekten, Workshop-konzepten, Magazininhalten und Werbung arbeiten.

Die im Atelier Flora entstandenen Projekte werden weltweit verlegt, ausgestellt und mit internationalen Awards ausgezeichnet. Auch als Mitglied in nationalen und internationalen Jurys, als Lehrkraft und Workshopleitung engagiert sich das Atelier Flora.

IMPRESSUM

© Duden 2020 D C B A
Bibliographisches Institut GmbH,
Mecklenburgische Straße 53, 14197 Berlin

Redaktion Juliane von Laffert
Herstellung Alfred Trinnes
Texte, Illustrationen und Layout Atelier Flora,
Andrea Peter, Judith Drews, Kristina Brasseler,
Bern/Berlin/Regensburg
Umschlaggestaltung Atelier Flora,
Andrea Peter, Judith Drews, Kristina Brasseler,
Bern/Berlin/Regensburg
Papier Munken Premium Cream 1.3 Vol., 100 g/m²
Druck und Bindung Livonia Print, SIA, Riga
Printed in Latvia

ISBN 978-3-411-75652-0
www.duden.de

PEFC zertifiziert
Dieses Produkt stammt aus nachhaltig
bewirtschafteten Wäldern und kontrollierten
Quellen.
www.pefc.de